앤디 그리피스 글, 테리 덴톤 그림 | 장혜란 옮김

시공주니어

나무 집 FUN BOOK 2

초판 제1쇄 발행일 2018년 6월 25일
초판 제6쇄 발행일 2020년 10월 5일
글 앤디 그리피스 그림 테리 덴톤 옮김 장혜란
발행인 박헌용, 윤호권
발행처 (주)시공사 주소 서울시 서초구 사임당로 82
전화 문의 02-2046-2800
홈페이지 www.sigongsa.com / www.sigongjunior.com

THE TREEHOUSE FUN BOOK 2
Text copyright ⓒ Backyard Stories Pty. Ltd., 2017
Illustrations copyright ⓒ Terry Denton, 2017
All rights reserved.
Korean translation copyright ⓒ 2018 by Sigongsa Co., Ltd.
Korean translation rights arranged with Curtis Brown Group Limited
through EYA(Eric Yang Agency).

이 책의 한국어판 저작권은 에릭양 에이전시를 통해 저작권자와 독점 계약한
(주)시공사에 있습니다. 저작권법에 의해 한국 내에서 보호받는 저작물이므로
무단 전재와 무단 복제를 금합니다.

ISBN 978-89-527-8715-6 74840
ISBN 978-89-527-6484-3 (세트)

홈페이지 회원으로 가입하시면 다양한 혜택이 주어집니다.
잘못 만들어진 책은 구입하신 곳에서 바꾸어 드립니다.

자기소개 하기

"우리도 너에 대해 알고 싶어."

"여기에 네 얼굴을 그려 봐."

켬   끔

너, 독자 여러분

나무 집에 올라오려면 이 '여권'이 있어야 해. (내가 진짜 중요한 정보를 알려 준 거야.)

이름: _____

나이: _____

머리 색깔: _____

눈동자 색깔: _____

애완동물(들) 이름: _____
_____

하고 싶은 것: _____
_____

좋아하는 책: _____
_____

좋아하는 TV 프로그램: _____
_____

<나무 집>에서 제일 좋아하는 사람:
앤디!
_____

뭐든지 합성해 만들어 보자!

내가 뭐든지 합성해 주는 기계에 전기뱀장어랑 유니콘을 넣었더니, 전기뱀콘이 만들어졌어!

전기뱀장어

+ 유니콘

= 전기뱀콘

너도 해 볼래?
어떤 동물을 합성할 거야?
어떤 새로운 동물을 보고 싶어?

여기에
합성할
동물들을
그려 봐.

다른 하나를 찾아라! 1탄!

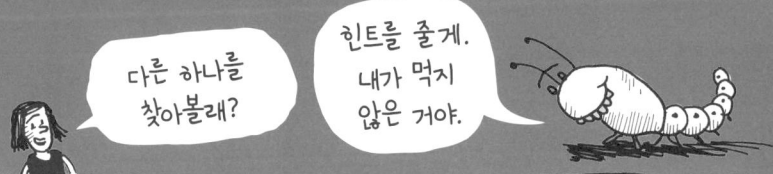

주름투성이 토마토 한 개

미친 듯이 팔을 펄럭대는 풍선 인형 네 개

커다란 돌연변이 거미 다섯 마리

개구리하마 한 마리

코뿔소 세 마리

공사 현장 색칠하기

아래 그림을 색칠하게.
아주 조심하게.
색연필에 안 찔리게!

13층
더 올려
짓는 중

훔쳐보지 마시오!

젖소 집 영화 볼 시간

이건 질이 생각하는, 젖소들이 관심 있어 할 만한 영화 포스터야. 테리가 그렸지.

한번 색칠해 보겠음매? 음매!

 여기, 젖소들이 좋아할 만한 영화 제목들이 있어. 골라서 포스터를 만들어 볼래?

- 젖소맨
- 해리 소터와 아즈카반의 젖소
- 닌자 젖소
- 젖소 주식회사
- 젖소 게임
- 쿵푸 젖소
- 젖소를 찾아서
- 캐리비안의 젖소
- 젖소 왕국

 네가 지은 영화 제목으로 만들어도 문제없음매.

다른 동물들은 어떤 영화를 좋아할까?

난 공이랑 막대기가 나오는 영화가 좋아.

난 당근이 많이 나오는 영화!
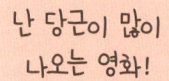

영화 포스터 만들기

네가 생각하는 영화 포스터를 그려 봐! 주연 배우는…… 바로 너!

어떤 배우가 나오는 영화를 좋아해? 장르는? 코미디, 공포, 액션, 로맨스?

신나는 낙서 시간

테리와 난 낙서 방에서 낙서하는 걸 진짜 좋아해.

다른 그림 찾기! 1탄!

난 다 찾았어. 못 믿겠다고?
164쪽에 가 보면 되잖아.

몇 쪽으로 가라고?

토끼는 모두 몇 마리일까?

나 좀 도와줘.
내가 300만 마리까지는 셌는데,
너도 알다시피 내가 숫자를 잘 못 세잖아.

다 셌으면
164쪽으로 가 봐.

높은 건물 그리기

치즈랜드 관광 시간

테리와 난 모든 게 치즈로 만들어진 '치즈랜드'에 간 적이 있어. 테리는 진짜 좋아했지만, 난 끈적끈적하고 퀴퀴한 냄새가 나서 별로더라고.

너는 어떤 곳을 관광하고 싶어? 한번 그려 봐.

난 벌레 나라!

이다음에 무슨 일이 생길까?

이다음에 무슨 일이 생길지 선을 그어 문장을 완성해 봐.

테리가 실키를 노란색 물감으로 칠했어. 그러자……

테리가 마법 콩을 꿀꺽 삼켰어. 그러자……

여러분은 33쪽으로 넘어가는 선을 긋게 됩니다. 가는 도중에 골(저 책장 사이의 움푹 팬 곳을 뭐라 부르는지는 모르겠지만)에 빠지지 않게 조심해야 합니다.

테리가 바다원숭이 알을 주문했어. 그러자……

테리가 식인 상어 수조에 팬티를 넣고 빨았어. 그러자……

식인 상어들이
팬티를 먹어 치웠고,
수조 바닥에
드러누웠어.
괴상한 초록색으로
변해 버렸고.

진짜
바다원숭이가
부화되었어!

실키는 '고나리아
(고양이+카나리아)'로
변신해서 저 멀리
날아가 버렸어.

테리는
뻥 터질 만큼
기분이 나빠졌어.

나는 정답이 있는
165쪽까지 선을
그을래.

나무 집 암호 풀기

 조명, 카메라, 액션!

 넌 촬영장 출입 금지야! 166쪽으로 가!

뭐라고 써 있게?
알아맞혀 봐.

___ ___ ___ ___ ___ ___

___ ___ ___ ___ ___ ___

___ ___ ___

저 물을 다 마시면
167쪽 정답에
갈 수 있어!

___ ___ ___ ___

___ ___ ___ ___ ___ ___

___ ___ ___ ___ ___ ___

앤디! 이 암호 좀 풀어 볼래?

개미들은 벌써 다 풀고 169쪽에 가 있대.

 채소들한테 들키지 말고 이 암호를 풀어 줘.

___ ___ ___ ___

___ ___ ___ ___ ___ ___

___ ___ ___ ___ ___

___ ___ ___ ___

나 감자 왕자가 170쪽으로 가라고 명하노라!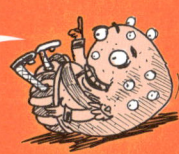

다른 그림 찾기! 2탄!

다른 곳이 13군데 있대. 돼지야, 진짜야?

커다란 알 속에 뭐가 들었을까?

네가 이 알을 부화시킨다면, 알 속에서 뭐가 나오면 좋겠어? 아래에 그려 보자.

숨겨진 문장을 찾아라! 1탄!

〈제시 단어〉들을 가로세로로 찾아봐. 남는 글자들로 출판사 사장 큰코 씨와 관련된 문장을 만들면 돼.

〈제시 단어〉

모래늪	경사로	거대고릴라
전기뱀콘	거대바나나	슈퍼뽁뽁
웅덩이제거단	앤디, 질	자동차세차장
나무머리선장	고나리아	볼링장
생일축하나비	범퍼카경기장	낙서방
뭐든지합성해주는기계	인간복제기	죽음의미로

나	무	머	리	선	장	웅	아	사	생
거	대	고	릴	라	나	덩	리	장	일
이	기	제	복	간	인	이	나	방	축
범	퍼	카	경	기	장	제	고	서	하
나	나	바	대	거	는	거	판	낙	나
장	슈	늪	다	앤	디	단	질	큰	비
링	퍼	래	경	자	동	차	세	차	장
볼	뽁	모	사	코	사	콘	뱀	기	전
출	뽁	큰	로	죽	음	의	미	로	코
계	기	는	주	해	성	합	지	든	뭐

정답 _____

172쪽을 먼저 보면 안 돼! 그랬단 봐!

초콜릿 폭포 색칠하기

"갈색이 아마 많이 필요할 거야!"

"냠냠!"

내 맘대로 골라 타요!

넌 어떤 걸 타고 하늘 높이 날거나 신나게 달리고 싶어? 너만의 탈것을 그려 봐.

나무 집 퀴즈! 가로세로 낱말 퍼즐 1탄!

〈나무 집〉 열혈 독자라면 이 정도는 식은 죽 먹기지.

<가로>

2. 질로 가득한 마을
3. 앤디와 테리를 따라다니며 배고플 때마다 자동으로 입속에 이것을 쏘아 넣어 주는 ＿＿＿＿ 발사기
5. '나무 집'을 영화로 만들려고 나무 집에 온 할리우드의 유명한 감독
7. 앤디가 테리가 쏜 18발의 화살을 전부 맞은 곳
9. 원숭이 무리, 해적들, 뽁뽁이 감독관, 원승희 배우도 타 본 적 있는, 나무 집에서 오갈 때 매달려서 타는 것
10. 나무 집 영화 장면들을 훔치려고 나무 집에 몰래 잠입한 젖소들
12. 코가 크고 성질이 더럽기로 유명한, 건강한 코와 몸의 비율을 철저히 위반한 공룡
13. 할머니 할아버지 들이 손주에게 주려고 생일 카드에 넣어 보낸 돈을 훔치는 도둑들

<세로>

1. 멍청씨 교수가 자신의 머리를 반쯤 삼켰다는 이유로 없애 버린 10톤짜리 동물
4. 고대 로마 시대에 앤디, 테리, 뽁뽁이 감독관이 쓰레기통 타임머신을 타고 전차 경주를 하다가 경쟁자 드루실라를 뛰어넘을 때 이용한 것
6. 채소 왕국의 성에 사는, 잘생긴 왕자가 아닌 예에 속하는 왕자
8. 질과 함께 사는 빌과 필은 ＿＿＿＿ 라는 애완동물
11. '할리우드'에 버금가는 젖소 집 영화의 중심지

실키, 날 정답이 있는 173쪽에 데려다줘!

숨겨진 문장을 찾아라! 2탄!

〈제시 단어〉들을 가로세로, 대각선으로 찾아봐. 남는 글자들로 《78층 나무 집》과 관련된 문장을 만들면 돼.

〈제시 단어〉

뭐든지투명해지는방	동굴인	파라오	기억의방
지하비밀실험실	쥐덫	테리, 앤디	디스코장
우주전투액션	개미조상님	큰코사우루스	전기뱀콘
감자칩도둑	활쏘기방	탐정사무실	큰코비행선
앤디랜드	실키	비디오폰	질빌리지
질	왕대박감독	젖소우드	테리타운

스	루	우	사	코	큰	우	질	들	뭐
독	앤	디	스	코	장	주	스	든	찾
감	젖	덫	비	아	파	전	지	콘	탐
박	쥐	행	디	라	이	투	리	뱀	정
대	선	인	오	을	명	액	빌	기	사
왕	활	굴	폰	해	파	션	질	전	무
젖	쏘	동	지	하	비	밀	실	험	실
소	기	는	운	타	리	테	리	소	키
우	방	의	억	기	둑	도	칩	자	감
드	랜	디	앤	라	개	미	조	상	님

정답 _____

175쪽임매. 음매!

큰코 씨 사무실 색칠하기

내 왕국 소개하기

내 왕국 '앤디랜드'는 세상에서 가장 나다운 곳이야. 가장 재미있고, 가장 똑똑하고, 가장 잘생긴 내 복제 인간들이 무더기로 있는 곳. 내가 제일 좋아하는 곳이기도 하지.

'당나귀 씨의 마법 당근 세상'은 내 왕국이야. 공짜 당근으로 가득 차 있지. 당근이 전부 공짜라고! 어때, 멋지지?

'큰코니아'는 무척이나 바쁘게 돌아가는 왕국이다. 가는 세로줄 무늬 정장을 갖춰 입어야 하고, 누구든지 제때 나한테 원고를 가져와야 한다. 안 그랬단 봐!

'우체부 나라'는 나 같은 우체부들을 위한 왕국이야. 우체부 제복을 입어야 하고, 개는 절대 출입 금지야!

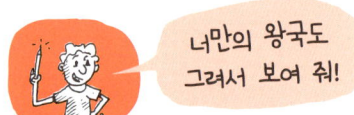

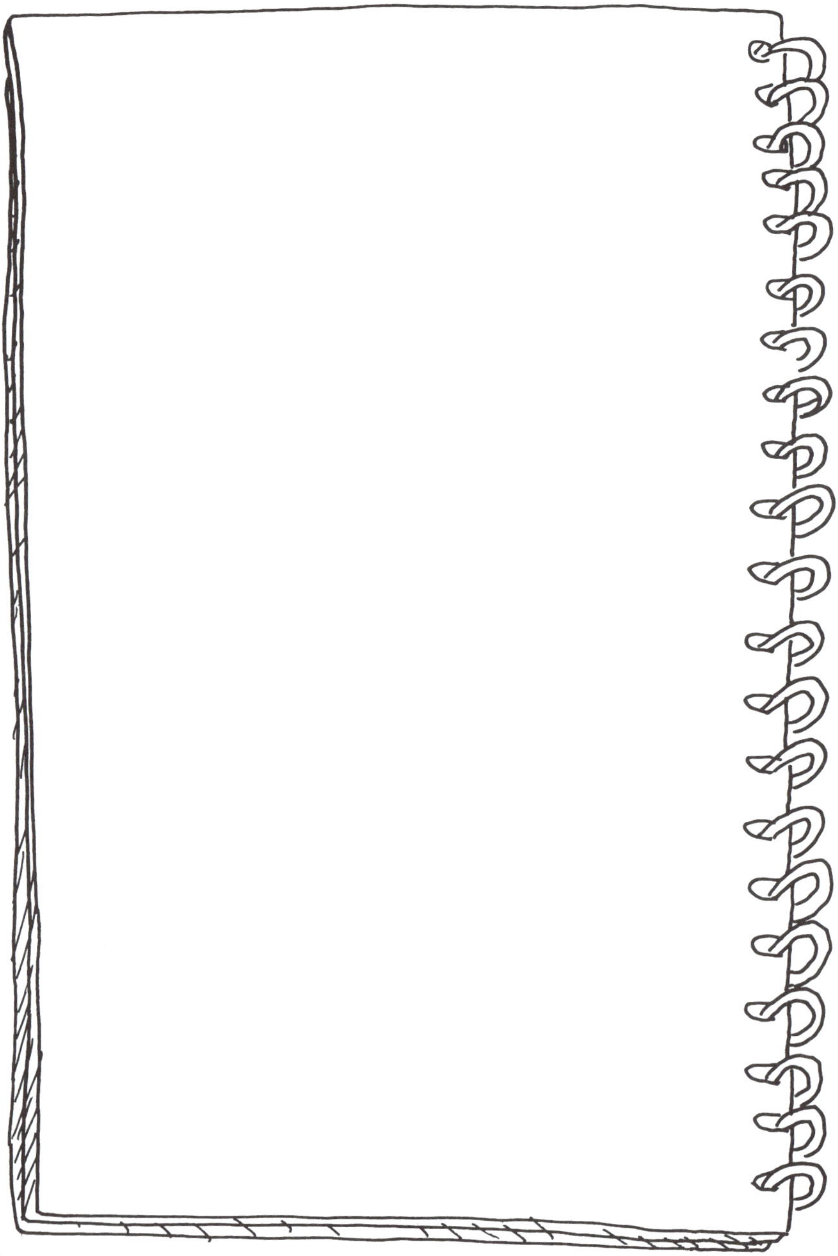

그리고 어떤 왕국인지 적어 봐.

내 왕국은

내 왕국에서 반드시 갖춰 입어야 하는 옷은

내 왕국이 정말 좋은 이유는

시간 여행을 떠나요!

 《65층 나무 집》에서 테리와 난 쓰레기통 타임머신을 타고 시간 여행을 다녀왔어.

 우리는 끝내주는 것들을 많이 보고 왔는데, 선사 시대 녹조류 웅덩이랑,

 공룡들,

 동굴인들,

 고대 로마의 전차 경주,

 그리고 까마득한 미래로 가서 온통 거대 게 소굴이 된 지구도 봤어.

 ← 소설가 허버트 조지 웰스의 타임머신

이번엔 네가 시간 여행을 떠나는 거야.
가장 먼저 타임머신이 필요하겠지?
네가 상상하는 타임머신은 어떤 모습이야?

아래에 그려 봐라옹.

그럼 이젠 시간 여행 중에 본
놀라운 광경을 두 개만 골라 그려 보자.

그리고 각각 어떤 광경인지 설명을 적어 보자.

내가 타임머신 밖으로 본 놀라운 광경은

내가 타임머신 밖으로 본 놀라운 광경은

다른 그림 찾기! 3탄!

감자칩을 지켜라!

나는 보안이 철저한 감자칩 보관 시설을 만들었어. 그 안에 들어가려면 쥐덫 1,000개와 100줄기의 레이저 광선 그물망, 10톤짜리 거대한 추를 지나 늘 화가 나 있는 오리와 싸워 이겨야 해.

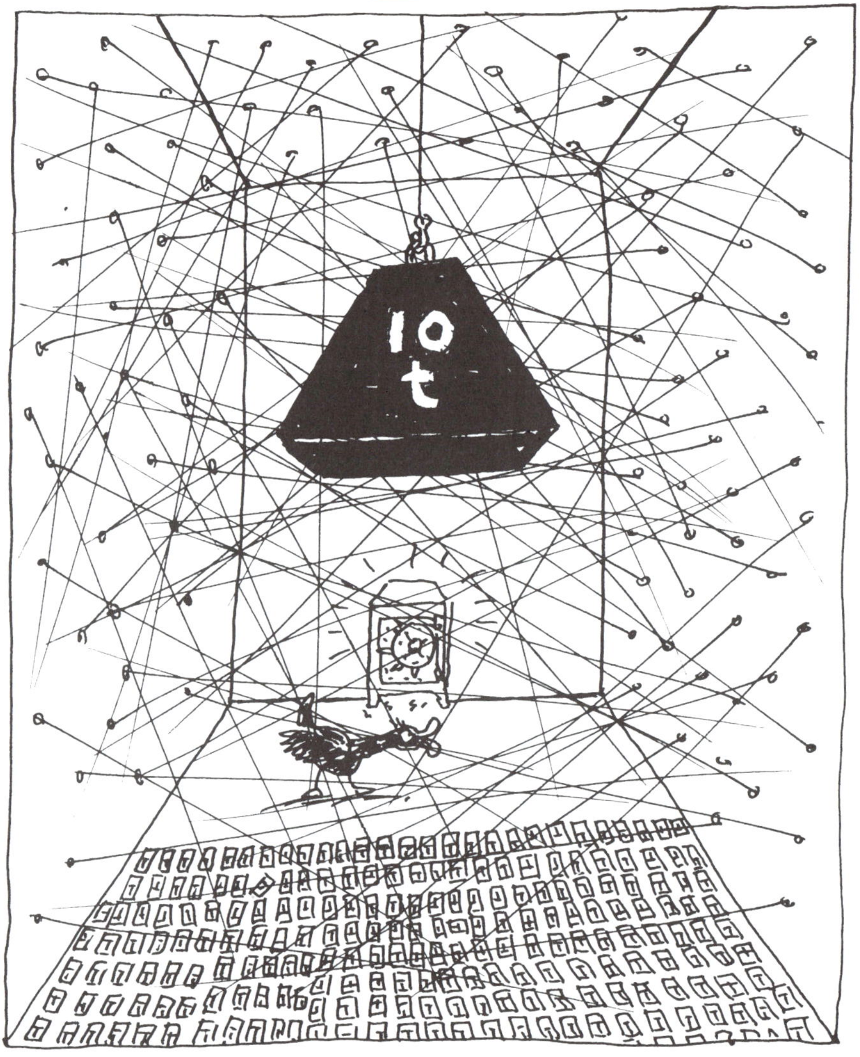

너도 보안이 철저한 보관 시설을 만들어 봐. 금고 속에 너한테 가장 귀중한 것을 그려 넣은 다음에, 아무도 금고 가까이에 다가갈 수 없도록 각종 보안 장치들을 그리는 거지. 설명서를 써 붙여도 좋아.

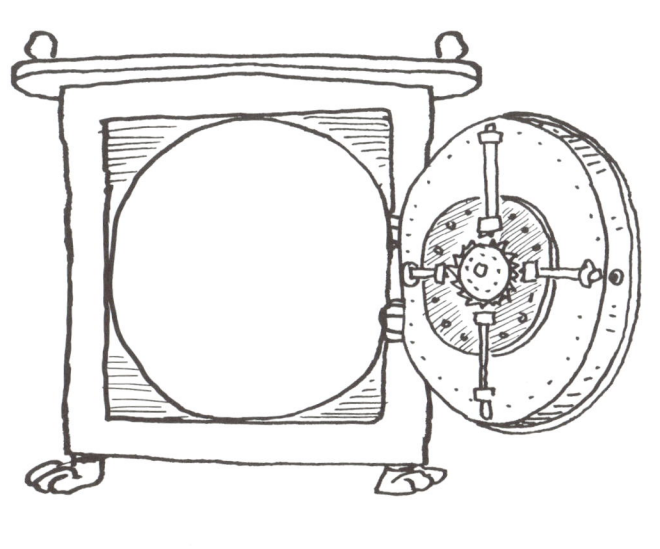

나무 집 퀴즈! 가로세로 낱말 퍼즐 2탄!

《13층 나무 집》을 읽었다면 금세 풀 수 있을 거야.

<가로>

1. '바나나'를 울부짖으며, 나무 집이 거대 바나나 나무인 줄 착각하고 있는 동물
4. 바다원숭이 알에 섞여서 부화한 인어의 이름
7. 거대 바나나를 만들 수 있는 기계
9. 물 대신 레모네이드가 뿜어져 나오는 분수
11. 테리가 볼링공 대신 앤디 머리를 굴린 곳
12. 출판사 사장 큰코 씨가 윙고 독족 전화를 걸 때 사용하는 3D ___ ___ ___

<세로>

1. 쓰레기를 버리려고 테리가 고안했지만, 불청객을 처리하는 데 주로 쓰이는 장치
2. 테리가 노란색으로 칠해서 카나리아로 변신시킨, 고양이 실키를 칭하는 이름
3. 나무 집 수조에 사는 동물
5. 손가락으로 해결할 수 있는 문제를 찾아 해결해 주는, 전 세계인이 사랑하는 영웅
6. 나무 집에 우편물을 배달해 주는 우체부 아저씨
7. 눈이 세 개에 발로 숨을 쉬고 바다 밑바닥에 거대한 왕국을 짓는, 테리가 키우고 싶어 하는 동물
8. 테리가 가장 좋아하는 TV 프로그램. ___ ___ ___ 의 왈왈 쇼
10. 나무 집에 있는, 투명해서 속이 훤히 비치는 수영장

정답은 이쪽이오. 177쪽으로 따라오시오!

앤디 놀래 주기

연한 선을 덧그리면, 앤디가 왜 저렇게 놀라는지 알게 될 거야. 나랑 같이 하자! 앤디 놀래 주기는 세상에서 제일 재미있단 말이야.

다른 그림 찾기! 4탄!

다른 13군데는 어디 어디일까?

만일 고양이가 전화를 쓴다면……

 테리는 고양이가 전화를 쓴다면, 생선 피자를 주문할 것 같대.

재난이 일어날지 몰라요!

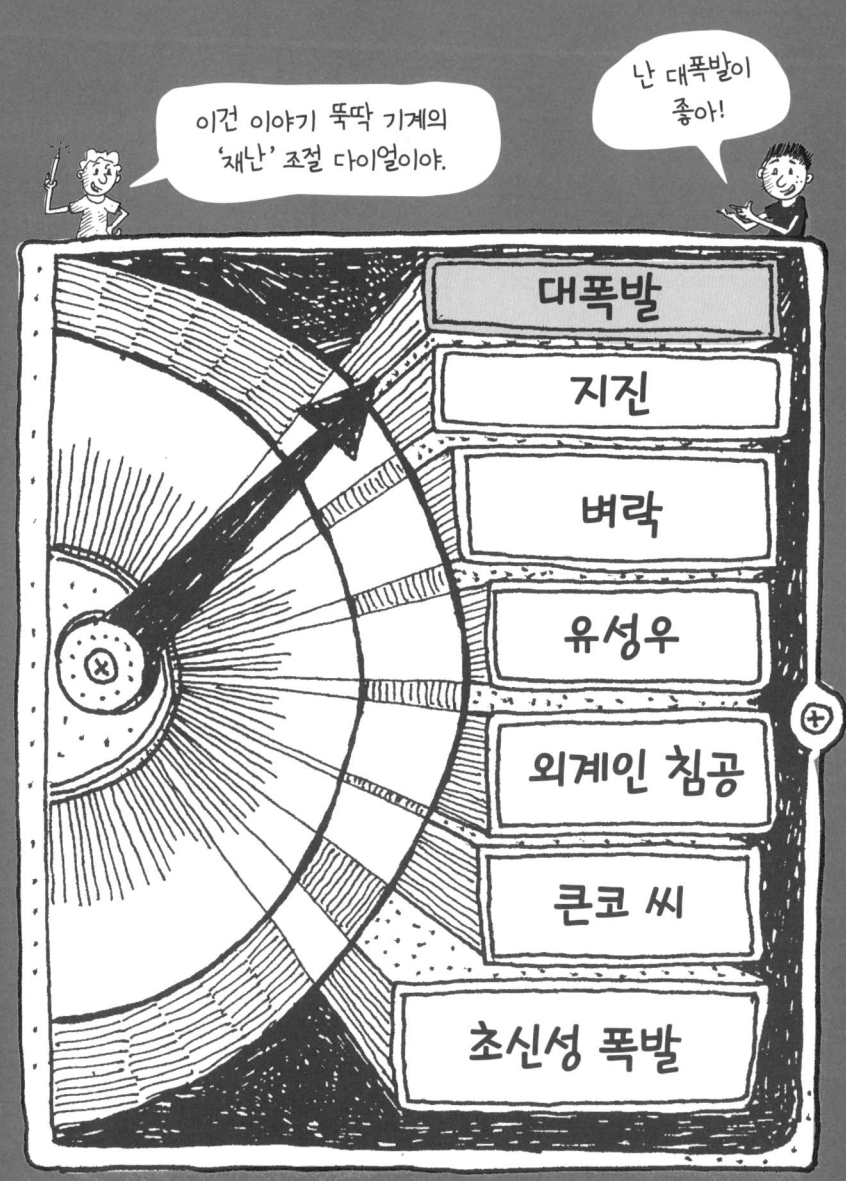

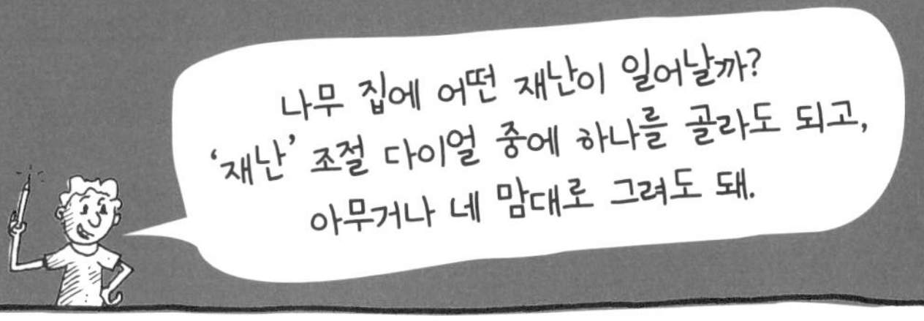

나무 집에 어떤 재난이 일어날까?
'재난' 조절 다이얼 중에 하나를 골라도 되고,
아무거나 네 맘대로 그려도 돼.

다른 하나를 찾아라! 2탄!

 그게 뭘까? 실키, 난 모르겠어.

 179쪽에 가면 안다옹.

하늘을 나는 고양이, 플러피

하늘을 나는 고양이, 스크래치

하늘을 나는 고양이, 퍼피

하늘을 나는 고양이, 스캐리

독자 여러분

생일 축하 나비 색칠하기

생일 축하 나비를 예쁘게 색칠해 봐.

다른 그림 찾기! 5탄!

다른 13군데를 다 찾았니? 참 쉽지?

무엇이든 깨뜨려요!

저 피아노로 뭘 깨뜨리면 좋을까? 앤디랑 나는 수박을 맘껏 깨뜨렸어.

나무 집 퀴즈! 가로세로 낱말 퍼즐 3탄!

《26층 나무 집》은 읽었지? 그럼 금방 맞힐 수 있어.

🔶 〈가로〉

2. 앤디가 상어 배 속에서 찾은 머리의 주인. 해적 ＿＿＿＿＿ 선장
3. 곰팡이가 핀 퀴퀴한 치즈 냄새가 나는 전설의 물고기 이름
4. 스트레스가 엄청 심할 때 앤디와 테리가 중력을 거스르면서 기분 좋게 쉬는 곳
6. 줄여서 '자판기'라고 부르는 자동 ＿＿＿＿ 기계
8. 아래 구덩이에서 악어들이 입을 쩍 벌리고 기다리는 ＿＿＿＿＿＿ 연습장
10. 너무너무 복잡하게 설계돼 있어, 한번 들어가면 절대 밖으로 나오지 못하는 죽음의 ＿＿＿
12. 자동차들끼리 서로 쿠당탕! 쾅! 부딪치며 노는 경기장

🔶 〈세로〉

1. 나무 집을 그린 사람의 이름
2. 전설이 된 베스트셀러. 13층씩 커지는 짜릿한 상상! ＿＿＿＿ 시리즈
5. 식인 상어들을 괴상한 초록색으로 변하게 한 테리의 ＿＿＿
7. 나무 집에 있는 787가지 맛 ＿＿＿＿＿＿ 가게
9. 787가지 맛 아이스크림을 퍼 주는 로봇의 이름. ＿＿＿＿ 막퍼줘
11. 운 나쁜 꼬마 해적들이 몸싸움을 벌인 질척질척한 경기장

181쪽에 정답이 있다는 게 사실이냐?

생일 축하 파티를 하자!

 이제 네 생일 축하 파티를 하자!

 생일이 아니어도 상관없어!

 어떤 생일 축하 파티를 하고 싶어?

 마음껏 하고 싶은 대로 그려 봐.

세상에서 가장 무서운 동물

나무 집에는 짜릿한 '스케이트보드 연습장'도 있어. 아래 구덩이에서는 악어들이 입을 쩍 벌리고 기다리지.

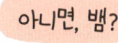

다른 그림 찾기! 6탄!

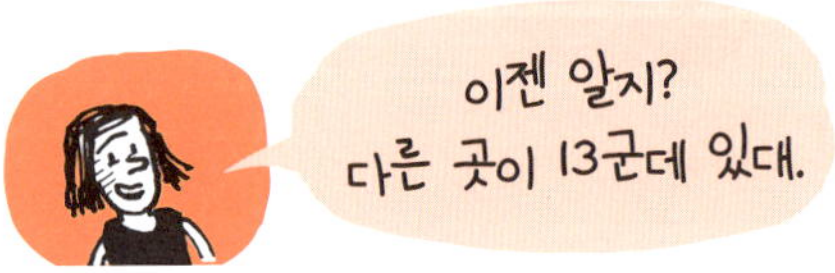

지금은 공룡 시대

너도 새로운 공룡을 만들어 그려 볼래?

나도 그릴래.

다른 하나를 찾아라! 3탄!

수박 색칠하기

운동 경기는 재미있어요!

누가 하는 말일까?

 뭔가 이상하지? 그래, 맞아. 말풍선들이 뒤죽박죽 섞여 있어. 누가 어떤 말을 하는지, 그림과 말풍선을 제대로 연결해 줄래?

나는 언제고 보고서에 라임을 맞추지.

전부 다 없애 버리겠다! 없어져라, 얍!

채소를 먹어 치워라!

모래 늪을 조심해!

나무 집에는 언제 빠질지 모르는 위험한 모래 늪이 있어.

동물 이름을 찾아라!

콘	뱀	기	전	멍	어	붕	금	금	순
아	리	나	고	멍	개	구	리	하	마
터	보	거	북	이	집	트	코	브	라
그	늘	대	희	숭	엉	실	키	졸	릴
피	무	게	승	원	디	부	곤	테	고
니	나	쥐	원	다	앤	르	한	리	대
기	핥	미	개	바	고	당	어	명	거
비	나	하	축	일	생	나	상	문	현
큰	코	사	우	루	스	귀	인	젖	말
끼	토	인	어	아	가	씨	식	소	염

<제시 단어>

말풍선 놀이 시간

 이번엔 말풍선 놀이를 해 보자. 동물들이 무슨 말을 할 것 같은지 빈 말풍선에 적으면 돼.

 아니면, 그림을 그려도 되고.

 물론 그림도 좋은데, 나처럼 글을 쓰는 게 어때?

아야! 테리, 생각 말풍선인데도 진짜 아프잖아!

자! 이제 충분히 설명한 거 같으니까, 네가 해 볼 차례야. 빈 말풍선에 글을 쓰거나 그림을 그려 보자.

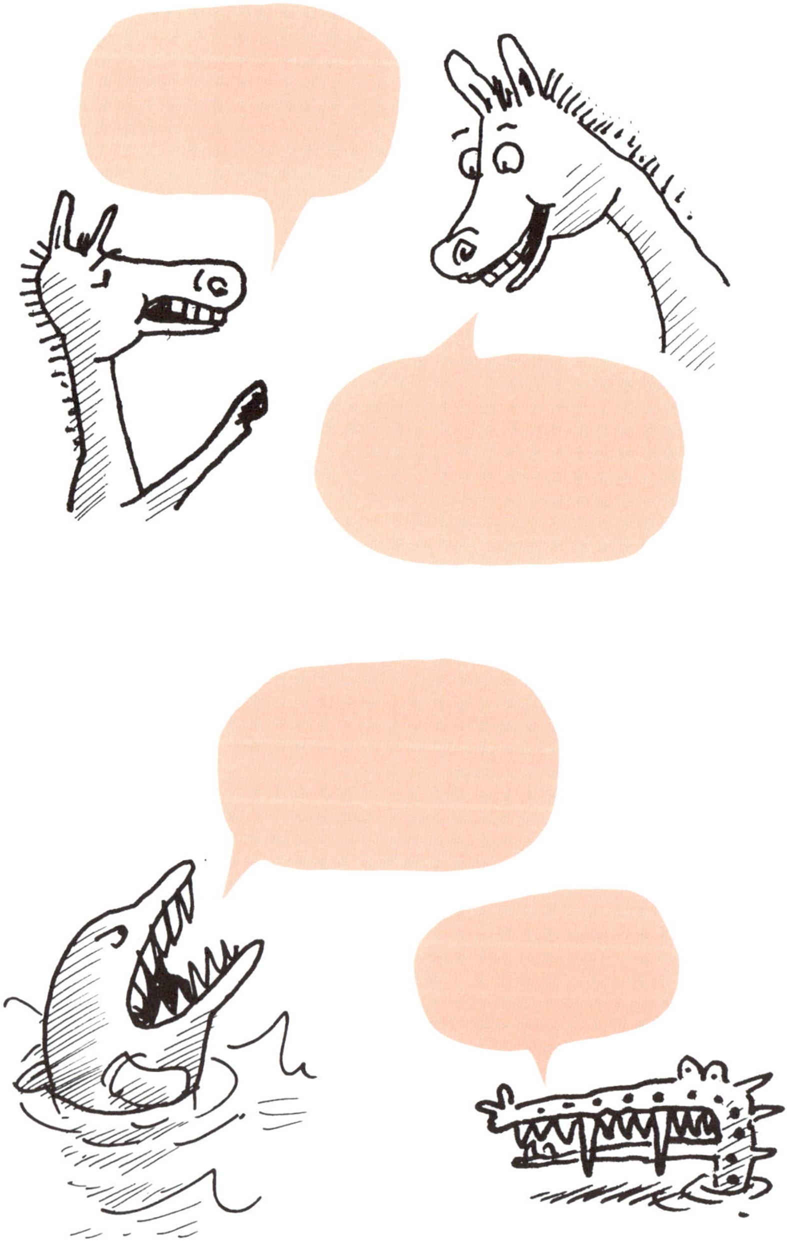

하우스 트레일러에서 살아 보기

앤디랑 나는 침실 대신 할리우드 영화배우들이 쓰는 하우스 트레일러를 쓴 적이 있어.

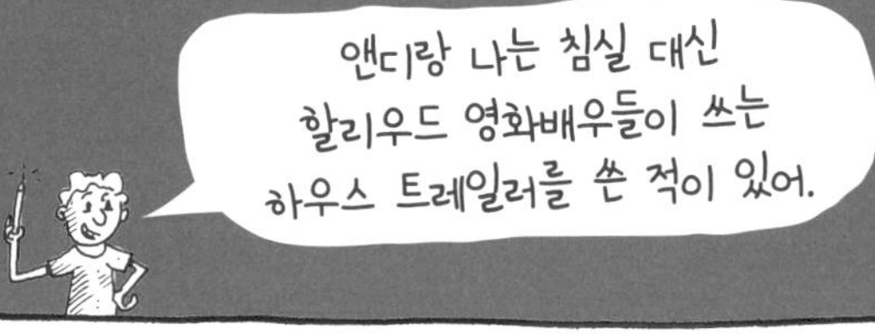

← 자동판매기

과자 자판기

내 하우스 트레일러 안에는 하우스 트레일러가 또 있어.

← 초대형 TV

테라스

수영장

팬케이크

테리의 복제 인간

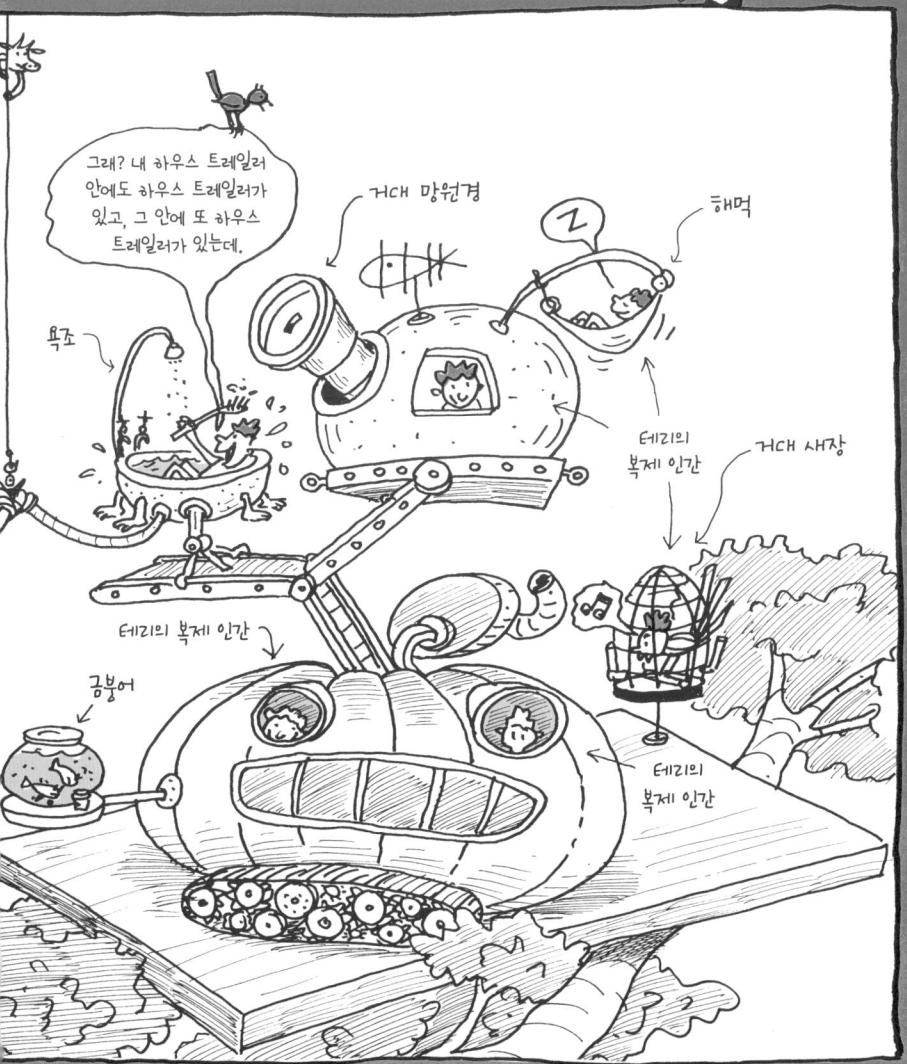

너한테도 이 하우스 트레일러가 생긴다면, 어떻게 꾸밀래? 그림을 그리고, 설명을 적어도 좋아.

다른 하나를 찾아라! 4탄!

매니! 다른 하나를 찾았니? 나한테도 알려 줘.

그러고 나면 저 그림들은 내가 다 먹어도 됨매애? 매애!

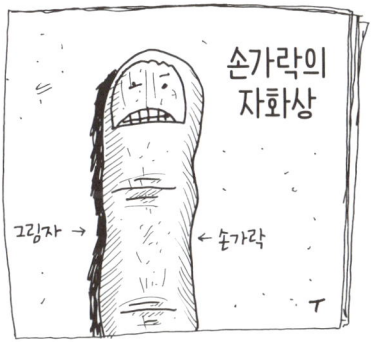

손가락으로 책장을 넘겨서 187쪽으로 가.

나무 집 퀴즈! 가로세로 낱말 퍼즐 4탄!

《39층 나무 집》을 잘 읽었는지 확인해 볼까?

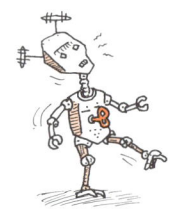

<가로>

1. 달콤한 초콜릿이 흐르는 폭포. 이곳에서는 절대 수영 금지!
2. 전설의 기타리스트 지미 헨드릭스와 슈퍼 손가락의 현란한 연주가 열린 장소
4. 앤디와 테리가 《39층 나무 집》 원고를 출판사 사장 큰코 씨에게 제때 전달하기 위해 타고 간, 하늘을 나는 ＿＿＿＿＿＿
7. 펀치왕 ＿＿＿＿＿＿의 길고 커다란 코에 한 방 맞으면 바로 KO 패!
9. 나무 집을 쓴 사람의 이름
10. 멍청씨 교수가 없애 버린 10톤이나 되는 동물

<세로>

3. 속속들이 찍어 보여 주기 때문에 자기 해골을 직접 눈으로 볼 수 있는 방
5. 무슨 이야기든 혼자 알아서 뚝딱 만들어 주는 기계
6. 숟가락도 되고 연필도 되고, 동시에 쓸 수도 있는 놀라운 발명품
8. 세상에서 가장 위대한 없애 버리기 전문가
11. 끈적끈적하고 퀴퀴한 냄새가 나고 모든 게 치즈로 만들어진 곳

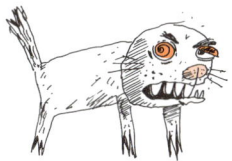

188쪽에 정답이 있어. 없어지기 전에 가 봐.

이제 그만 좀 싸워!

앤디와 테리는 틈만 나면 말싸움을 해. 이제 그만 싸우게 네가 좀 말려 줄래?

"네가 훔쳤어!"

"내가 안 훔쳤어!"

"훔쳤어!"

"안 훔쳤어!"

"훔쳤다고!"

"안 훔쳤다고!"

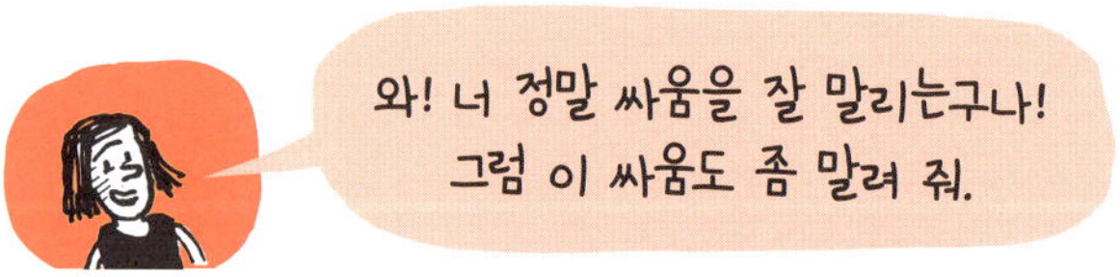

와! 너 정말 싸움을 잘 말리는구나!
그럼 이 싸움도 좀 말려 줘.

다른 하나를 찾아라! 5탄!

"어떻게, 다른 하나를 찾았어?"

"히히힝!"

"정답은 189쪽에 있다히힝!"

우주 동물 구조대 출동!

내가 이끄는 우주 동물 구조대의 우주선은 우주 고양이들이 끌어 줘.

스파이 젖소들이 이 〈나무 집〉 영화 장면을 훔쳐서는, 〈젖소 집〉 영화에 우주 젖소 구조 트랙터 장면을 넣었지.

너도 너만의 우주선을 만들어 그려 보자. 어떨 때 쓰는 우주선인지 적어 주면 좋고.

등장인물 이름 알아맞히기

글자들이 뒤죽박죽 섞여 버렸어.
네가 제대로 해 줄래?

가손퍼슈락

일카들둑생도드

이라카

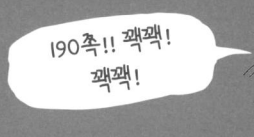
190촉!! 꽥꽥! 꽥꽥!

워에드줘막퍼드

붕금어

기딱뚝기야계이

씽씽! 경주 시간

아래 참가 선수들 중에 누가 가장 빠를까?
1부터 12까지 순위를 매겨 보자.
1이 가장 느린 거고, 12가 가장 빠른 거야.

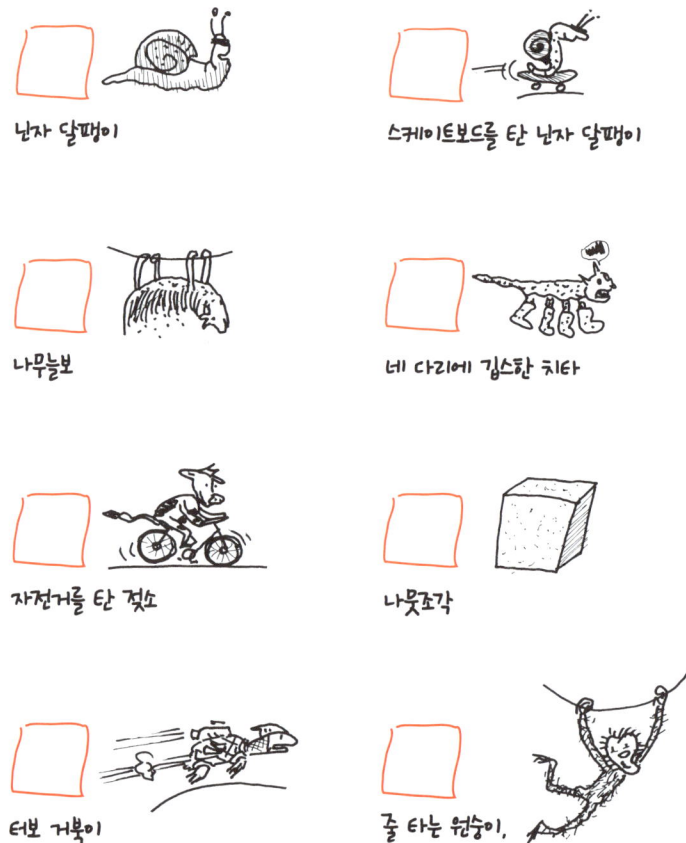

남자 달팽이

스케이트보드를 탄 남자 달팽이

나무늘보

네 다리에 깁스한 치타

자전거를 탄 젖소

나뭇조각

터보 거북이

줄 타는 원숭이,
아니 배우 원숭이

191쪽에 가면 정확히 알 수 있어.

롤러스케이트를 탄 문어

스포츠카를 탄 젖소

경찰에게 쫓기는 펭귄

쥐에게 쫓기는,
스쿠터를 탄 코끼리

스파이 젖소를 찾아라!

스파이 젖소들이 자꾸 〈나무 집〉 영화 장면을 훔쳐 가고 있어. 숨어 있는 13마리 스파이 젖소를 찾아 줄래?

테리, 거기 너야?

앤디, 너니?

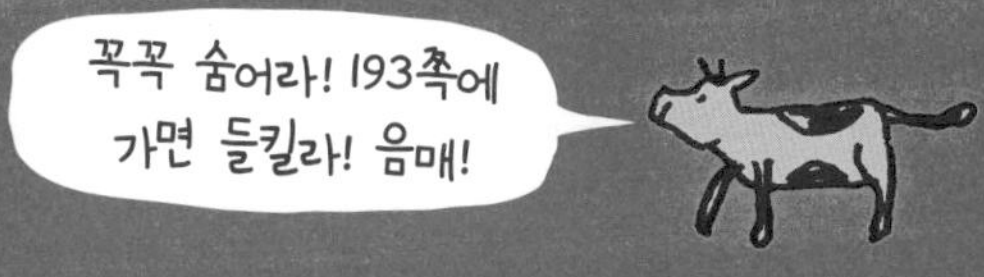

꼭꼭 숨어라! 193쪽에 가면 들킬라! 음매!

멍청씨 교수는 못 말려!

멍청씨 교수가 뭔가를 또 없애 버렸나 봐. 밑줄에 글로 써 보자.

길쭉하게 늘어진 귀와 짧고 북슬북슬한 꼬리, 깡충깡충 정신없이 뛰어다니는 너희! 그래서 난 이 세상에서 _____들을 전부 없애 버리겠다.

없어져라, 얍!

이번엔 멍청씨 교수가 뭘 없애 버린 걸까? 밑줄에 글로 쓰고 그림도 그려 봐.

시도 때도 없이 따르릉따르릉 시끄럽게 울어 대다니, 정말 끔찍하구나. 그래서 난 이 세상에서 들을 전부 없애 버리겠다.

여보세요. 193쪽이죠? 정답 있나요?

백발백중 활쏘기

나무 집 퀴즈! 가로세로 낱말 퍼즐 5탄!

《52층 나무 집》을 잘 읽었는지 확인해 볼까?

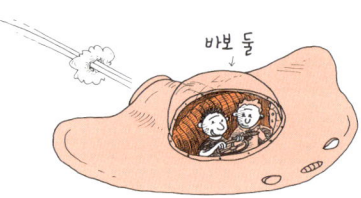

<가로>

1. 채소라면 질색하는, 채소와 맞서 싸우는 전사이자 복수주의자. 《채소 끝장내기》라는 책을 쓴 사람의 이름
2. 채소 왕국으로 향하는 앤디와 테리의 앞길을 가로막고 서 있던, 미친 듯이 팔을 펄럭대는 _____ 네 개
3. 채소 왕국의 성에 사는 왕자
6. 노른자 덮개가 달려 있는, 하늘을 나는 _____ 자동차
7. 돋보기 종합 세트와 갓 구운 도넛 자판기 같은 최신식 장비가 갖춰져 있는 최첨단 __ __ 사무실
10. 깜빡 잊었을지도 모르는 중요한 일들을 기억나게 하는 방

<세로>

4. 100년하고도 15분 더 걸려 《52층 나무 집》 원고를 출판사 사장 큰코 씨에게 전달한 동물
5. 바람 한 번에 머리카락이 다 뽑혀 나갈 정도로 바람이 센 거대 _____
8. 실물 크기에, 진짜 사다리와 진짜 뱀으로 만들어진 _____ 게임방
9. 앤디와 테리가 시간을 멈추기 위해 저주에 걸린 당근을 발사하는 데 이용한 로켓 동력 기계

195족으로! 펄럭펄럭!

으악! 너무 무서워!

펭귄과 토끼 들이 무서워하는 동물은 과연 뭘까? 그려 보자.

TNN 나무 집 뉴스 방송국에 어떤 뉴스 속보가 들어왔는지 밑줄에 적어 보자. (정답은 195쪽에 있어.)

경찰은 감자칩을 훔친 용의자인 _____ 을 추적하고 있습니다.

튜브처럼 부풀어 오르는 비상 탈출용 구멍 _____ 가 테리의 목숨을 구했습니다.

질은 _____ 에 손가락을 찔려 저주에 걸리고 말았습니다.

전기톱 저글링 방

 내가 분명 위험하다고 경고했는데, 그새 사고가 생겼네. 얼른 머리와 몸을 선으로 이어서 붙여 주자.

빨리 196쪽으로 가!

1초 남음

채소 색칠하기

나도 색칠해 줘야 해.
나도 채소니까 말이야.

다른 하나를 찾아라! 6탄!

큰코 사장님, 다른 하나를 찾았어요?

이거 하나 맘에 드네. 다 내 얘기란 거.

제때 197쪽으로 와. 안 그랬단 봐!

이야기 뚝딱 시간

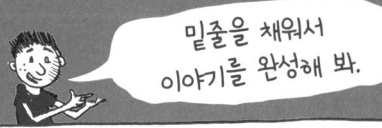

밑줄을 채워서 이야기를 완성해 봐.

어느 날 래리, 컬리, 모가 _____를 하고 있는데, 창문으로 나비가 들어왔어. 래리가 _____를 쳐다보는 틈에 모가 래리의 카드를 슬쩍 훔쳐봤어.

컬리는 래리에게 모가 카드를 훔쳐봤다고 말했고, 래리는 불뚝 성이 나서 모를 _____로 차 의자에서 떨어뜨렸어.

모는 팻 위로 자빠졌는데, 팻은 빌과 필에게 _____을 읽어 주고 있었어.

팻이 놀라서 고개를 휙 드는 바람에 _____과 ___은 공중으로 날아갔어.

빌은 의자에 엉덩방아를 찧고 튕겨서
금붕어 _____ 에 부딪혔고,

금붕어 어항은 플러피의 _____ 위로 떨어졌어.

금붕어 어항을 머리에 쓴 _____ 가 외계인처럼 보여서, 룸피와 라이카는 겁이 나 짖어 댔어.

_____ 와 _____ 가 너무 크게 짖어서 핑크와 당나귀 씨는 깜짝 놀랐어.

_____와 _____는 전속력으로 내달리다가…….

결국, _____를 꽈당 부딪히고 말았어.

그 바람에 토끼들이 쌓고 있던 _____ 탑이 와장창 무너져서 나무 블록들이 날아갔어.

거실 바닥은 나무 블록으로 엉망진창이 되었어.
그리고 곧 저녁밥 먹을 시간이 되자 _____ 이
나타나 동물들 밥을 챙겨 줬어.

끝

정답은
198쪽에!

닌자 달팽이 색칠하기

나무 집 퀴즈! 가로세로 낱말 퍼즐 6탄!

잘 모르겠으면 《65층 나무 집》의 현명한 부엉이들에게 물어봐.

<가로>

1. 테리는 절대 빠지지 않을 거라고 장담했지만, 글을 쓰던 앤디가 가라앉을 뻔한 곳
2. 너무 무거워서 헤엄조차 치지 못하는 ＿＿＿금붕어
4. 개미만 하게 작아진 질과 대화를 나눌 수 있는 초초초소형 ＿＿＿＿
5. 코가 크고 성질이 더럽기로 유명한, 건강한 코와 몸의 비율을 철저히 위반한 공룡
7. 테리가 그림 그리는 법을 알려 준, 기원전 6만5천 년에 살던 사람
9. 테리가 시간 여행을 위해 발명한, 원래는 1인용인 ＿＿＿＿＿ 타임머신
12. 풍선을 끼익끼익 문질러 연주하는 방
13. 전 세계 모든 종류의 막대 사탕을 맛볼 수 있는 막대 사탕 가게 로봇의 이름

<세로>

3. 이곳에 오래 있을수록 자꾸 어려지는, 잘못하면 갓난아기가 될지도 모르는 방
6. 24시간 뉴스 본부에서, 나무 집에서 일어나는 모든 최신 소식들을 방송하는 TNN ＿＿＿＿＿ 방송국
8. 앤디와 테리와 똑같이 생긴 복제 인간을 만들어 내는 기계
10. 나무 집이 적법한 건축 허가를 받았는지 조사하기 위해 나무 집을 방문한, 중앙 안전 본부 소속의 ＿＿＿＿ 감독관
11. 큰 눈알, 작은 눈알이 팡팡 터지는 방

수학 시간

쥐와 금붕어 중에 누가 정답을 맞혔을까?

$2 + 2 = \_\_$

_____ 가 정답을 말했어.

우체부 빌 아저씨를 쫓는 개는 모두 몇 마리일까?

_____ 마리 개가 우체부 빌 아저씨를 쫓고 있어요.

 우체부 빌 아저씨를 공격하는 새는 모두 몇 마리일까?

_____ 마리 새가 우체부 빌 아저씨를 공격하고 있어요.

 마시멜로 발사기에 타고 있는 원숭이는 모두 몇 마리일까?

_____ 마리 원숭이가 마시멜로 발사기에 타고 있어요.

 뻐끔! 199쪽! 뻐끔!

토끼 이름 짓기

질과 함께 사는 토끼들의 수가 너무 많아져서, 질 혼자 이름 짓는 게 힘들대. 네가 질을 좀 도와주면 어때?

숨겨진 문장을 찾아라! 3탄!

〈제시 단어〉들을 가로세로, 대각선으로 찾아봐. 남는 글자들로 토끼와 관련된 문장을 만들면 돼.

〈제시 단어〉

앤디, 테리	경사로	마시멜로	숟가락연필
바다원숭이	괴물인어	정밀시계	빌아저씨
다알아여사	풍선연주방	터보거북이	거대새총
당근발사기	개미조상님	왕대박감독	동굴인
개구리하마	감자왕자	풍선인형	큰코비행선
탐정사무실	인어아가씨	낙서방	실키

개	구	리	하	마	시	멜	로	모	바
미	총	새	대	거	인	굴	동	끼	다
조	방	당	괴	물	인	어	몇	알	원
상	방	서	근	까	실	일	아	계	숭
님	주	은	낙	발	무	여	시	가	이
필	연	락	가	숟	사	밀	두	북	씨
풍	선	인	형	자	정	기	거	경	저
실	풍	리	왕	마	탐	보	사	디	아
들	키	자	리	테	터	로	앤	토	빌
독	감	박	대	왕	큰	코	비	행	선

정답 _____

정답은 200쪽에 있다웅.

100퍼센트 안전한 미래 색칠하기

나무 집 퀴즈! 가로세로 낱말 퍼즐 7탄!

 《78층 나무 집》 퍼.즐.도.풀.어.보.자.

<가로>

1. 테리의 복제 인간들 때문에 정신이 하나도 없는, 테리로 가득한 _____
2. 접시 78개를 돌리는 방
4. 앤디가 너무나 좋아해서 이제껏 본 적 없는 최첨단 안전 금고에 넣어 둔 _____
8. 젖소 집 영화를 만들려고 나무 집에 몰래 잠입해서 영화 장면을 훔치는 젖소들
10. 인간 복제기로 만든 앤디의 복제 인간들이 가득한, 세상에서 가장 앤디다운 곳

<세로>

3. 마음껏 낙서할 수 있는 방
5. 자동차 창문을 열어도, 자동차 덮개를 내려도 세차가 가능한 세차장
6. 앤디와 테리가 우주 전투 액션을 벌이다가 앤디가 테리를 밀어 넣은 거대 _____
7. 등딱지에 엔진과 배기관이 붙어 있는, 세상에서 가장 빠른 동물 중 하나
9. 할리우드의 왕대박 감독이 앤디 대신 해설자로 캐스팅한 배우의 이름
11. 나무 집 법정의 판사인 _____ 로봇
12. 뭐든지 합성해 주는 기계에 전기뱀장어와 유니콘을 넣으면 만들어지는 동물

컷! 그렇게 '발연기' 할 거면 2인족으로 가!

나무 집 명예의 거리

축하해! 마침내 《나무 집 FUN BOOK 2》를 다 풀었어! '나무 집 명예의 거리'에 나무 집 주인공들과 나란히 이름을 올릴 수 있는 자격이 생긴 거지. 저기, 가장 큰 별에 네 이름을 적으면 돼.

네가 해냈어!

오! 너 좀 대단한데!

테리
앤디
질
실키
당나귀 씨

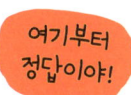

여기부터 정답이야!

다른 하나를 찾아라! 1탄! (16쪽)

주름투성이 토마토 한 개

미친 듯이 팔을 펄럭대는 풍선 인형 네 개

커다란 돌연변이 거미 다섯 마리

개구리하마 한 마리

코뿔소 세 마리

정답: 개구리하마
   (개구리하마를 뺀 나머지는 배고픈 애벌레가 꿀꺽 삼켜 버렸다.)

다른 그림 찾기! 1탄! (26~27쪽)

토끼는 모두 몇 마리일까? (28쪽)

토끼는 36마리이다.

이다음에 무슨 일이 생길까? (32~33쪽)

테리가 실키를 노란색 물감으로 칠했어. 그러자 실키는 '고나리아(고양이+카나리아)'로 변신해서 저 멀리 날아가 버렸어.

테리가 마법 콩을 꿀꺽 삼켰어. 그러자 테리는 뻥 터질 만큼 기분이 나빠졌어.

테리가 바다원숭이 알을 주문했어. 그러자 진짜 바다원숭이가 부화되었어!

테리가 식인 상어 수조에 팬티를 넣고 빨았어. 그러자 식인 상어들이 팬티를 먹어 치웠고, 수조 바닥에 드러누웠어. 괴상한 초록색으로 변해 버렸고.

나무 집 암호 풀기 (35쪽)

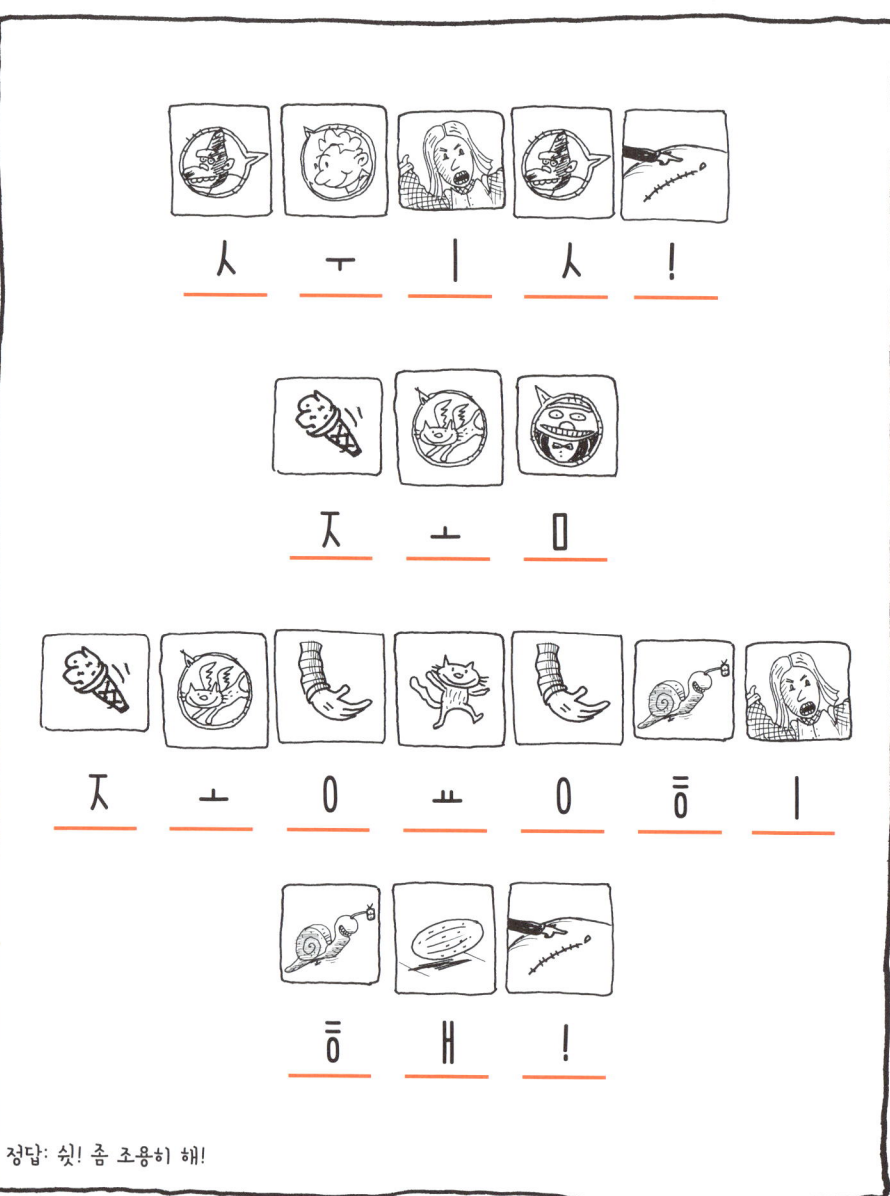

나무 집 암호 풀기 (36쪽)

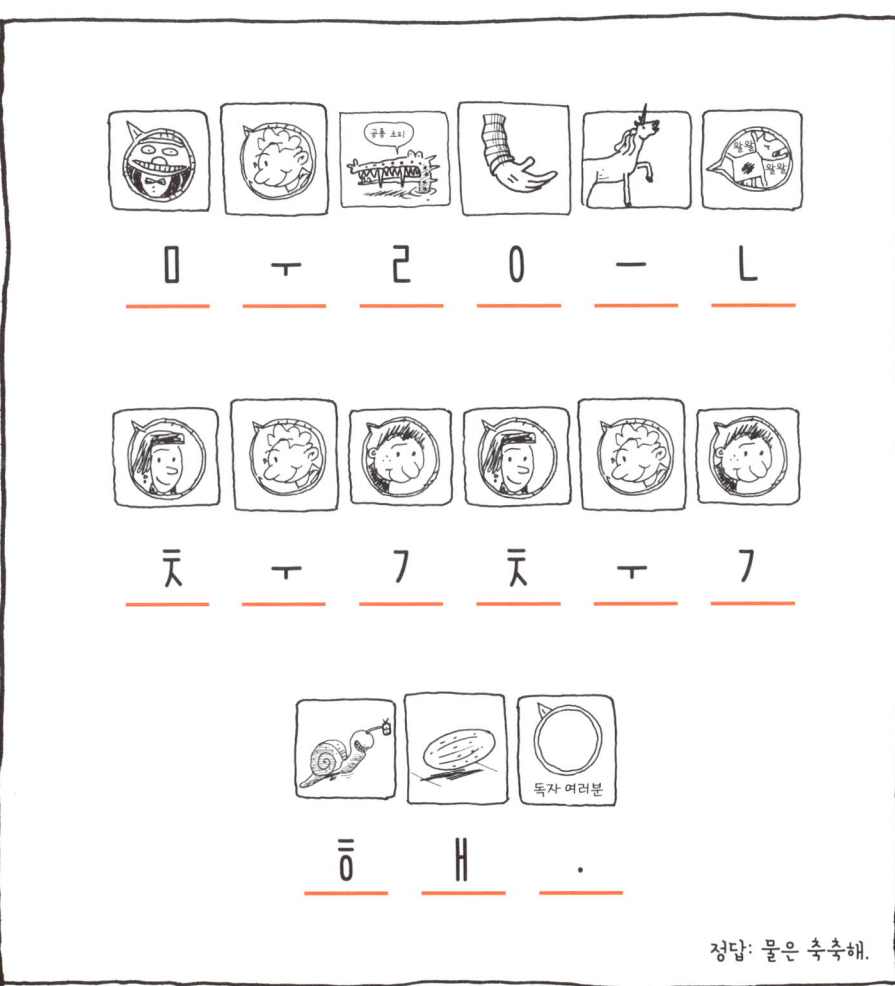

나무 집 암호 풀기 (37쪽)

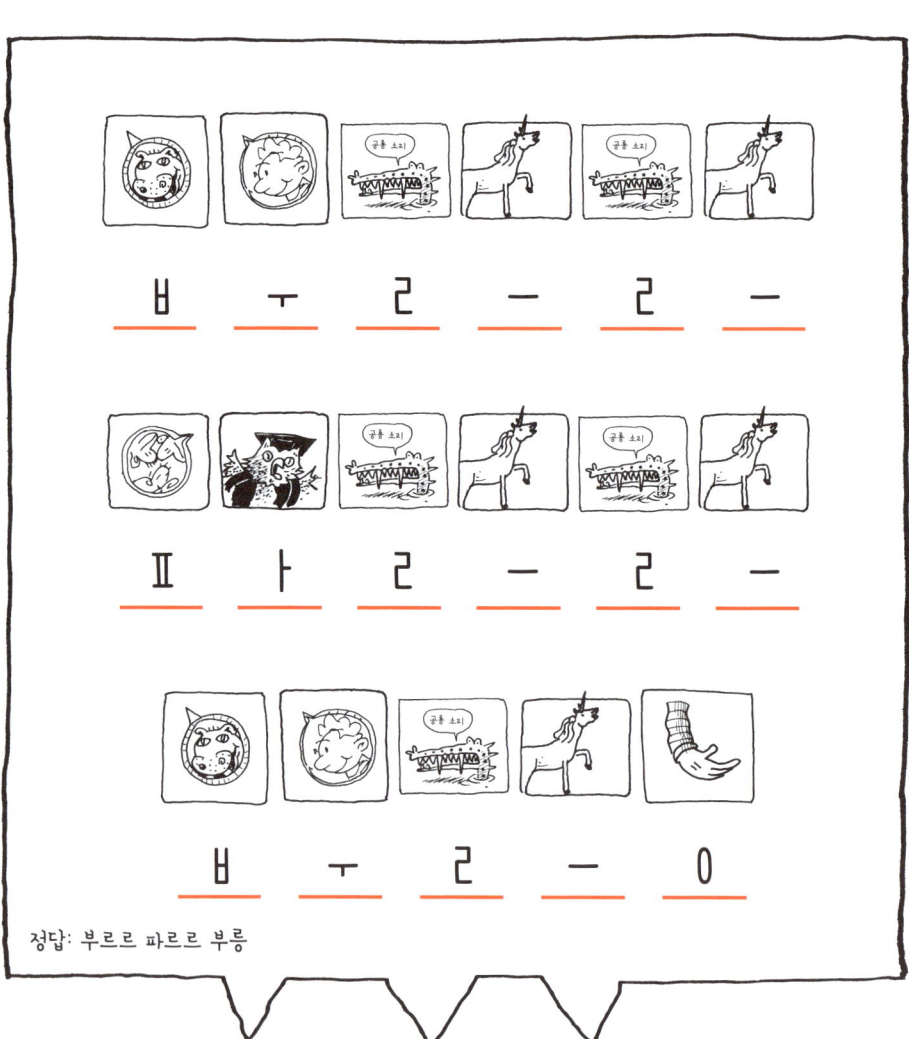

나무 집 암호 풀기 (38쪽)

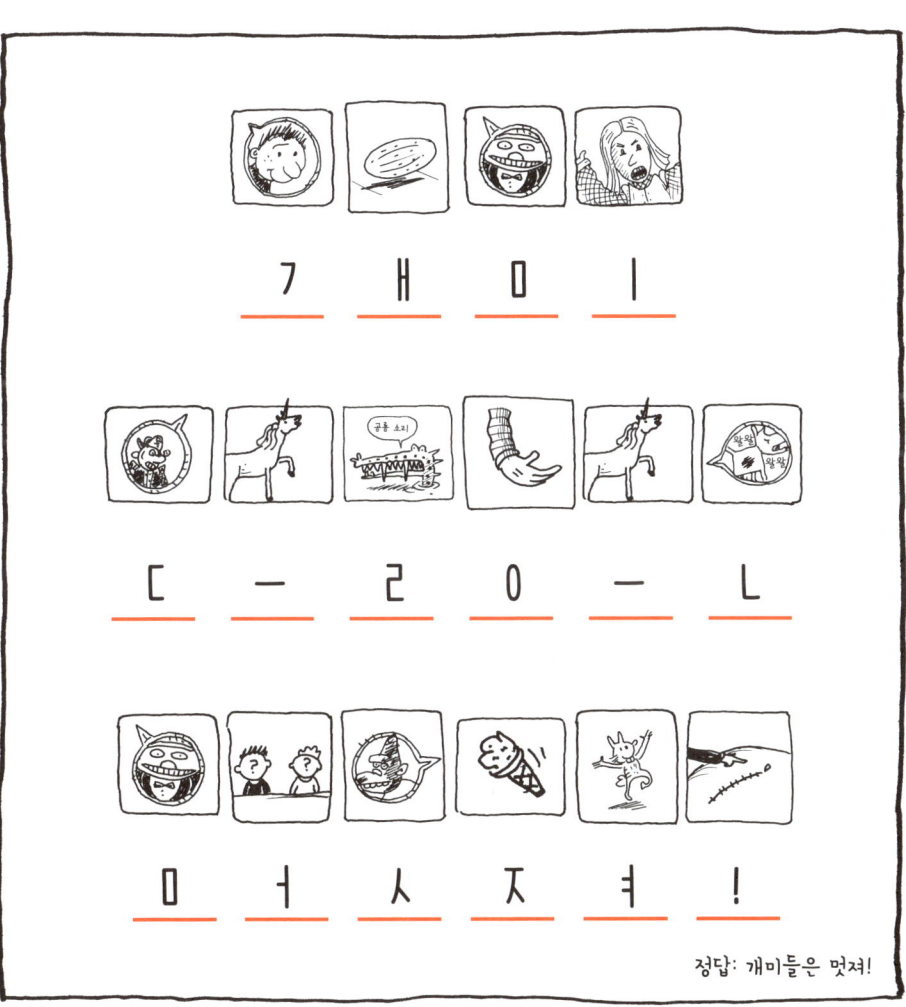

나무 집 암호 풀기 (39쪽)

ㅊ ㅐ ㅅ ㅗ

ㅁ ㅏ ㄴ ㅎ ㅇ ㅣ

ㅁ ㅓ ㄱ ㅇ ㅓ

ㄹ ㅏ ! !

정답: 채소 많이 먹어라!!

다른 그림 찾기! 2탄! (40~41쪽)

숨겨진 문장을 찾아라! 1탄! (44쪽)

나	무	머	리	선	장	웅	아	사	생
거	대	고	릴	라	나	덩	리	장	일
이	기	제	복	간	인	이	나	방	축
범	퍼	카	경	기	장	제	고	서	하
나	나	바	대	거	는	거	판	낙	나
장	슈	늪	다	앤	디	단	질	큰	비
링	퍼	래	경	자	동	차	세	차	장
볼	뽁	모	사	코	사	콘	뱀	기	전
출	뽁	큰	로	죽	음	의	미	로	코
계	기	는	주	해	성	합	지	든	뭐

정답: 나는 큰코 출판사 큰코 사장이다

나무 집 퀴즈! 가로세로 낱말 퍼즐 1탄! (48~49쪽)

	¹개			⁵왕	대	박	⁶감	독
	구						자	
²질	빌	리	지	⁴경			왕	
	하			사			자	
	³마	시	멜	로				
					⁷활	쏘	⁸기	방
¹⁰스	파	이	¹¹젖	소			니	
			소				피	
¹²큰	코	사	우	루	스	⁹덩	굴	그	네
¹³생	일	카	드	도	둑			

나는 누구일까? (50~51쪽)

실키

질

앤디

테리

감자 왕자

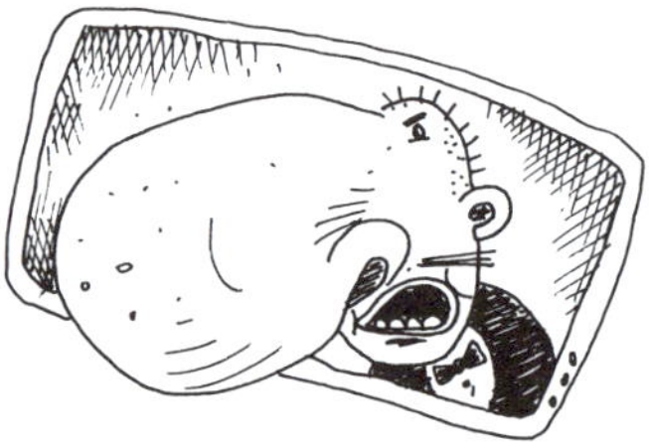

채소 질색

큰코 사장님(큰코 씨)

숨겨진 문장을 찾아라! 2탄! (52쪽)

스	루	우	사	코	큰	우	질	들	뭐
독	앤	디	스	코	장	주	스	든	찾
감	젖	덫	비	아	파	전	지	콘	탐
박	쥐	행	디	라	이	투	리	뱀	정
대	선	인	오	을	명	액	빌	기	사
왕	활	굴	폰	해	파	션	질	전	무
젖	쏘	동	지	하	비	밀	실	험	실
소	기	는	운	타	리	테	리	소	키
우	방	의	억	기	둑	도	칩	자	감
드	랜	디	앤	라	개	미	조	상	님

정답: 스파이 젖소들을 찾아라

다른 그림 찾기! 3탄! (64~65쪽)

나무 집 퀴즈! 가로세로 낱말 퍼즐 2탄! (68~69쪽)

1거	대	2고	릴	라		3식		5슈	6빌
대		나				인		퍼	아
새		리				상		손	저
총		아		4인	어	아		가	씨
								락	
7바	나	나	확	대	기	8멍			10투
다						멍			명
원			9레	모	네	이	드	분	수
숭									영
이		12비	디	오	폰	11볼	링	장	

다른 그림 찾기! 4탄! (74~75쪽)

다른 하나를 찾아라! 2탄! (80쪽)

정답: 독자 여러분
      (모두 하늘을 나는 고양이들인데, 독자 여러분은 아니다!)

다른 그림 찾기! 5탄! (82~83쪽)

나무 집 퀴즈! 가로세로 낱말 퍼즐 3탄! (86~87쪽)

			¹테		⁴반	중	력	방	
²나	무	머	리						
무								⁵팬	
집		³고	르	곤	졸	라		티	
						⁹에		¹¹진	
		⁷아		¹⁰미	로	드		흙	
⁶판	박	이				워		탕	
		⁸스	케	이	트	보	드	경	
		크						기	
		림		¹²범	퍼	카	경	기	장

다른 그림 찾기! 6탄! (92~93쪽)

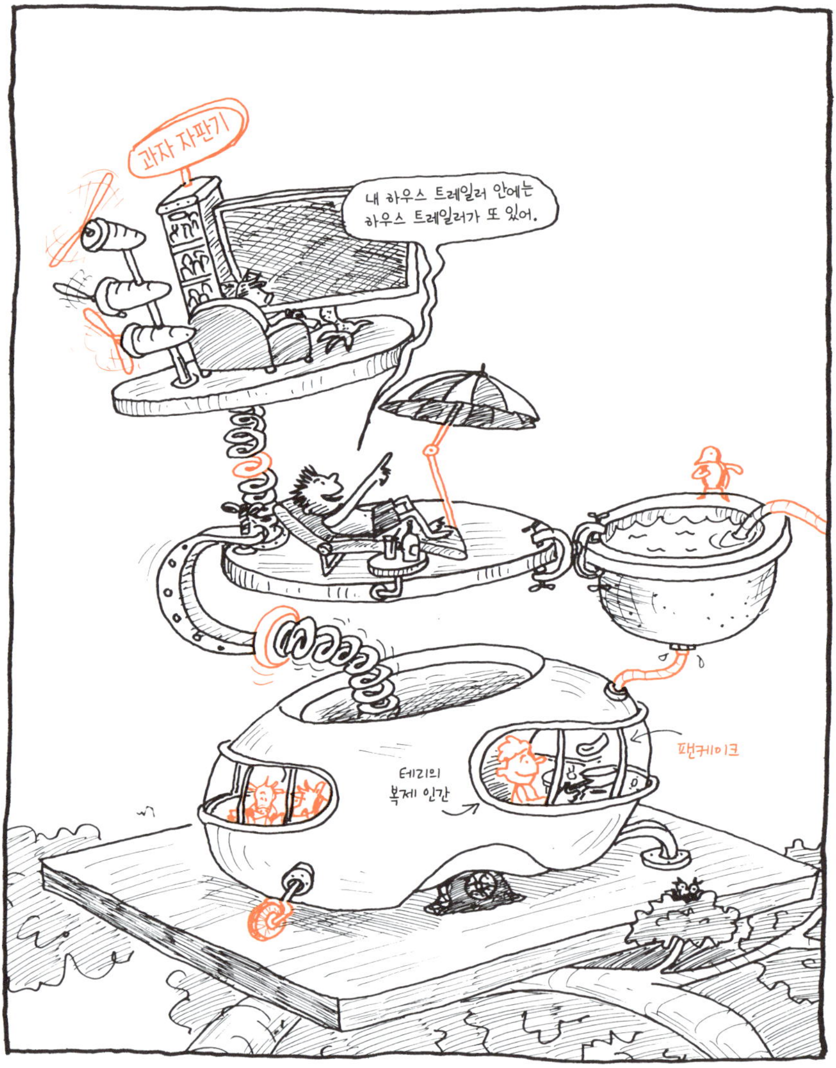

다른 하나를 찾아라! 3탄! (96쪽)

누가 하는 말일까? (100~101쪽)

채소 질색이 말했다.  채소를 먹어 치워라!

뽁뽁이 감독관이 말했다.  나는 언제고 보고서에 라임을 맞추지.

멍청씨 교수가 말했다.  전부 다 없애 버리겠다! 없어져라, 얍!

감자 왕자가 말했다.  채소에 해가 되는 짓을 한 죄, 모두 유죄다!

나무머리 선장이 말했다.  당장 널빤지 위로 걸어가라!

다알아 여사가 말했다.  나는 뭐든지 보고 뭐든지 알지.

모래 늪을 조심해! (102~103쪽)

동물 이름을 찾아라! (104~105쪽)

콘	뱀	기	전	멍	어	붕	금	금	순
아	리	나	고	멍	개	구	리	하	마
터	보	거	북	이	집	트	코	브	라
그	늘	대	희	숭	엉	실	키	졸	릴
피	무	게	승	원	디	부	곤	테	고
니	나	쥐	원	다	앤	르	한	리	대
기	핥	미	개	바	고	당	어	명	거
비	나	하	축	일	생	나	상	문	현
큰	코	사	우	루	스	귀	인	젖	말
끼	토	인	어	아	가	씨	식	소	염

다른 하나를 찾아라! 4탄! (115쪽)

정답: 앤디가 그린 바나나인 듯 바나나 아닌 바나나 같은 바나나
(나머지 그림은 모두 테리가 그렸다. 얼마나 훌륭하게 잘
그렸는지 모른다. 아, 앤디가 기분 나빠 할라.)

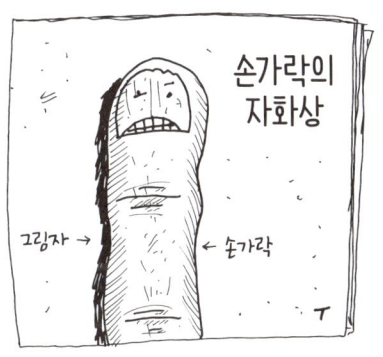

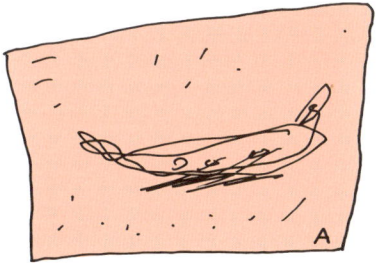

나무 집 퀴즈! 가로세로 낱말 퍼즐 4탄! (116~117쪽)

	1.초	콜	릿	폭	포				3.엑
				2.오	페	라	하	우	스
5.이		6.숲							레
야		가		4.순	무	오	토	바	이
기		락							방
뚝		연		9.앤	디		8.멍		
딱		필					청		11.치
기		7.코	끼	리	아	저	씨		즈
계							교		랜
	10.개	구	리	하	마		수		드

다른 하나를 찾아라! 5탄! (121쪽)

정답: 말 모양의 옷을 입은 테리
 (테리를 뺀 나머지는 진짜 말이다!)

등장인물 이름 알아맞히기 (124~125쪽)

 슈퍼손가락

 생일카드도둑들

 라이카

 에드워드막퍼쥐

 금붕어

 이야기뚝딱기계

씽씽! 경주 시간 (126~127쪽)

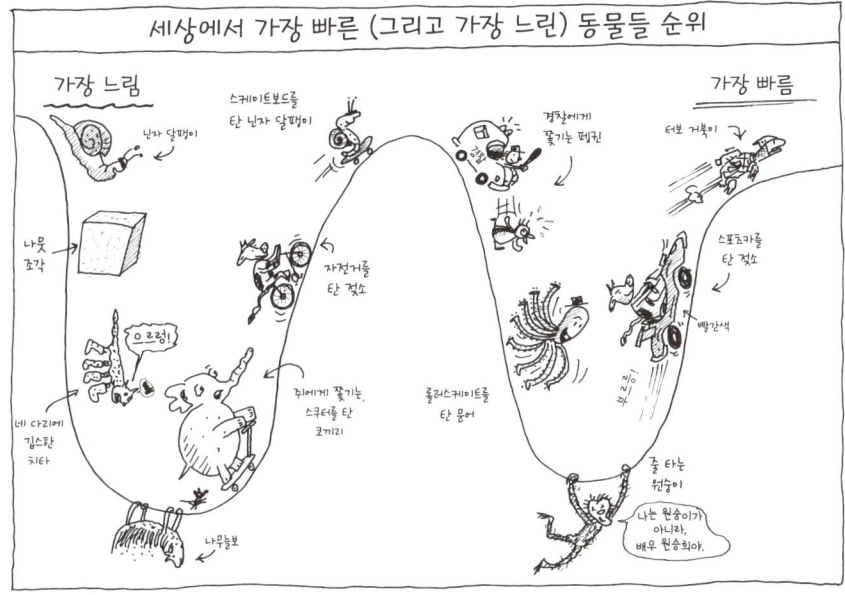

1. 닌자 달팽이
2. 나뭇조각
3. 네 다리에 깁스한 치타
4. 나무늘보
5. 쥐에게 쫓기는, 스쿠터를 탄 코끼리
6. 자전거를 탄 젖소
7. 스케이트보드를 탄 닌자 달팽이
8. 경찰에게 쫓기는 펭귄
9. 롤러스케이트를 탄 문어
10. 줄 타는 원숭이, 아니 배우 원숭희
11. 스포츠카를 탄 젖소
12. 터보 거북이

유명 영화배우를 만나요! (128쪽)

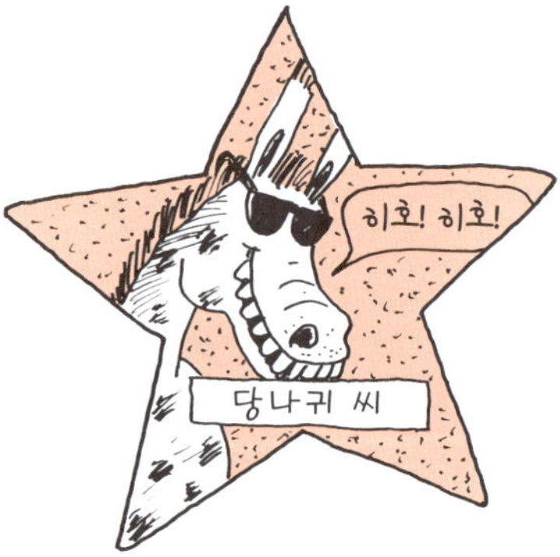

스파이 젖소를 찾아라! (129쪽)

멍청씨 교수는 못 말려! (130~131쪽)

멍청씨 교수는 **토끼**와 **전화기** 들을 없애 버렸다.

백발백중 활쏘기 (132~133쪽)

나무 집 퀴즈! 가로세로 낱말 퍼즐 5탄! (134~135쪽)

	¹채	소	질	색		⁴닌		
					³감	자	왕	자
	²풍	선	인	형		달		
						팽		
		⁸뱀				이	⁵헤	
⁹당		사		⁷탐	정		어	
근		다					드	
발		리		⁶달	걀	프	라	이
사							이	
¹⁰기	억	의	방				어	

뉴스를 말씀드리겠습니다! (138~139쪽)

경찰은 감자칩을 훔친 용의자인 **펭귄**을 추적하고 있습니다.

튜브처럼 부풀어 오르는 비상 탈출용 구명 **팬티**가 테리의 목숨을 구했습니다.

질은 **당근**에 손가락을 찔려 저주에 걸리고 말았습니다.

전기톱 저글링 방 (140~141쪽)

다른 하나를 찾아라! 6탄! (143쪽)

정답: 비어 있는 사무실
 (나머지 사무실에는 전부 출판사 사장 큰코 씨가 있다!)

이야기 뚝딱 시간 (144~150쪽)

어느 날 래리, 컬리, 모가 **카드놀이**를 하고 있는데, 창문으로 나비가 들어왔어. 래리가 **나비**를 쳐다보는 틈에 모가 래리의 카드를 슬쩍 훔쳐봤어.

컬리는 래리에게 모가 카드를 훔쳐봤다고 말했고, 래리는 불뚝 성이 나서 모를 **발**로 차 의자에서 떨어뜨렸어.

모는 팻 위로 자빠졌는데, 팻은 빌과 필에게 **책**을 읽어 주고 있었어.

팻이 놀라서 고개를 휙 드는 바람에 **빌과 필**은 공중으로 날아갔어.

빌은 의자에 엉덩방아를 찧고 튕겨서 금붕어 **어항**에 부딪혔고,

금붕어 어항은 플러피의 **머리** 위로 떨어졌어.

금붕어 어항을 머리에 쓴 **플러피**가 외계인처럼 보여서, 룸피와 라이카는 겁이 나 짖어 댔어.

룸피와 라이카가 너무 크게 짖어서 핑크와 당나귀 씨는 깜짝 놀랐어.

핑크와 당나귀 씨는 전속력으로 내달리다가…….

결국, **머리**를 쾅 부딪히고 말았어.

그 바람에 토끼들이 쌓고 있던 **나무 블록** 탑이 와장창 무너져서 나무 블록들이 날아갔어.

거실 바닥은 나무 블록으로 엉망진창이 되었어.
그리고 곧 저녁밥 먹을 시간이 되자 **질**이 나타나 동물들 밥을 챙겨 줬어.

나무 집 퀴즈! 가로세로 낱말 퍼즐 6탄! (152~153쪽)

¹모	래	늪	³생			⁷동	굴	⁸인
			일					간
²순	금		되					복
			돌		⁶나			제
			리		무	⁹쓰	레	기	통
	⁴확	성	기		집			
			방		뉴		¹⁰뽁	
⁵큰	코	사	우	루	스		뽁		¹¹눈
							이		알
¹³줍	파	줍	줍		¹²풍	선	연	주	방

수학 시간 (154~155쪽)

금붕어가 정답을 말했어.

6(**여섯**)마리 개가 우체부 빌 아저씨를 쫓고 있어요.

5(**다섯**)마리 새가 우체부 빌 아저씨를 공격하고 있어요.

9(**아홉**)마리 원숭이가 마시멜로 발사기에 타고 있어요.

숨겨진 문장을 찾아라! 3탄! (158쪽)

정답: 토끼들은 모두 몇 마리일까

나무 집 퀴즈! 가로세로 낱말 퍼즐 7탄! (160~161쪽)

	1테	리	타	운		3낙		4감	5자	칩
						서			동	
	2접	시	돌	리	기	방			차	
							11에		세	
	6블			10앤	디	랜	드		차	
	랙		7터				워		장	
	홀		보		9원		드			12전
			거		승		뽕			기
			북		희		망			뱀
	8스	파	이	젖	소		치			콘

201

지은이 앤디 그리피스
'뉴욕타임스 베스트셀러' 작가이자, 호주에서 가장 유명한 어린이책 작가 중 한 명이다. 거칠지만 신나는 모험 이야기가 가장 자신 있다는 작가는, 호주 베스트셀러 목록에 늘 1위를 차지할 만큼 다양한 연령대의 독자들에게 열렬한 지지를 받고 있다. 그의 작품은 공연과 TV 프로그램으로 각색되기도 했다. 〈나무 집〉 시리즈는 우리나라에 소개되는 작가의 첫 작품이다.
홈페이지 www.andygriffiths.com.au

그린이 테리 덴톤
호주에서 아주 인기가 많은 작가이자 일러스트레이터이다. 유쾌하고 별나지만, 때로는 따뜻한 그림으로 전 세계 어린이들의 사랑을 받고 있다. 다수의 어린이책에 그림을 그리고 글도 썼다. 쓰고 그린 책으로 《Brain Up:머리가 좋아지는 매직 드로잉》, 《물개 선장, 집으로 가다》, 《It's True! 비행기》 들이 있고, 그린 책으로 《엄마가 되어 줄게》, 《중국의 시작》 들이 있다.

옮긴이 장혜란
오랫동안 출판사에서 아동청소년책 편집자로 일하고 있다. 《13층 나무 집》을 시작으로 〈나무 집〉 시리즈를 편집하고 있다.
시공주니어 홈페이지 www.sigongjunior.com
시공주니어 카페 http://cafe.naver.com/sigongjunior

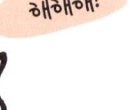